AF229991

27

L n 20230.

NOTICE NÉCROLOGIQUE

SUR

M. DE VERNA,

ANCIEN DÉPUTÉ.

Extrait de la Revue générale biographique
et nécrologique,

PUBLIÉE SOUS LA DIRECTION

DE M. E. PASCALLET.

Deuxième Édition.

PARIS. — 1846.

Egards et justice pour tous.

IMPRIMERIE DE MADAME DE LACOMBE,
rue d'Enghien, 12.

M. DE VERNA,

ANCIEN PREMIER ADJOINT DU MAIRE DE LYON, ANCIEN DÉPUTÉ
DU DÉPARTEMENT DU RHÔNE, CHEVALIER DE LA LÉGION-
D'HONNEUR ET DE L'ORDRE DE SAINT-GRÉGOIRE.

Mort à Lyon le 17 juin 1841.

Ceux qui rendent un culte dans leur cœur
aux institutions à l'ombre desquelles la France,
pendant une longue suite de siècles, a vu chaque
jour s'accroître ses forces et sa prospérité, ho-
noreront à jamais et légueront à l'avenir le nom
de M. de Verna, c'est-à-dire d'un de ces hommes qui ont défendu ces mêmes institutions avec
le plus de talent et de persévérance.

M. de Verna descendait d'une famille noble et

ancienne, dont les membres ont, à diverses époques, servi leur pays avec distinction. Il naquit au château de Verna (Dauphiné), le 28 juillet 1775.

Pénétré des traditions du foyer domestique, confondant dans sa pensée la cause de la religion et celle de la monarchie et de la société, il resta éloigné des affaires publiques tant que la famille royale vécut sur la terre étrangère ; mais lorsqu'elle fut rétablie sur le trône de ses pères, il conçut la légitime ambition de consacrer à elle et à ses concitoyens le tribut de ses études assidues.

Appelé par le vœu public, confirmé par le choix du roi, aux fonctions de premier adjoint du maire de Lyon, il y déploya constamment les éminentes qualités qui constituent l'homme de bien, l'homme supérieur, et s'y acquit des droits incontestables à la reconnaissance de ses concitoyens.

Pendant les quatre années et demie qu'il resta à la municipalité comme adjoint ou comme maire par intérim, la ville de Lyon fut en proie à des fléaux de natures diverses, tels qu'inondations, incendies, crises industrielles, émeutes ; et dans ces momens difficiles, il se montra administrateur prévoyant, ingénieux, infatigable, et parut toujours le premier sur le théâtre du danger, quel qu'il fût.

Dans sa sollicitude pour les intérêts matériels

de cette ville, il contribua puissamment aux me-
sures les plus propres à développer son commerce et son industrie, telles que la construction
de plusieurs ponts, gares et ports, de nouveaux
quartiers, etc.

Cette classe ouvrière sur laquelle s'abattent
de préférence toutes les calamités sociales, lui
dut en grande partie l'établissement d'un *dis-
pensaire*, de la *Solitude de Sainte-Madeleine*, des
Sourds et Muets et des *Ecoles des frères de la
doctrine chrétienne*, etc.

Successivement administrateur des hôpitaux
et de l'hospice de l'Antiquaille, dont il présida
pendant plusieurs années le conseil d'administration, M. de Verna ne fut étranger à aucun
des établissemens de bienfaisance, si nombreux
dans la ville de Lyon, et qui lui durent une partie de leur prospérité, lorsqu'ils ne lui durent
pas leur existence ; il fut un des plus zélés dé-
fenseurs de la cause religieuse, et concourut à
la fondation de l'œuvre de *la Propagation de la
foi*, qui, sous sa direction, a pris un si prodigieux
accroissement, et dont le but, tout à-la-fois so-
cial et religieux, est d'envoyer des missionnai-
res porter, jusqu'aux extrémités du monde, le
flambeau de l'Evangile et les bienfaits de la civi-
lisation. Ame de toutes les entreprises généreu-
ses, M. de Verna fut le premier à établir à Lyon
l'œuvre sublime et régénératrice de *Saint-Fran-*

çois-Régis, œuvre qui existait déjà depuis quelques années dans la capitale.

La cause des beaux-arts et des sciences trouva également en lui une protection digne d'elle. On n'a point oublié à Lyon, que c'est en grande partie par un actif emploi de son influence et de son crédit que s'élevèrent plusieurs édifices publics, que le musée fut enrichi de nouveaux tableaux et que le cabinet d'histoire naturelle fut doté de diverses collections, possédées en double par le Muséum de Paris. Pour le récompenser des services qu'il avait rendus comme administrateur, Sa Majesté Charles X lui envoya la croix de la Légion-d'Honneur.

En sa qualité de magistrat, il crut de son devoir de gagner chaque jour de nouveaux partisans à ses croyances politiques; ainsi, lors de l'inauguration dans la salle du conseil municipal du portrait en pied de Sa Majesté Charles X, peint par M. Steuben, et que le roi avait accordé à la ville de Lyon, il prononça un discours qui atteste son amour pour les Bourbons, et dont nous reproduisons ici les dernières phrases.

« Heureux le peuple qui vit à l'abri du scep-
» tre tutélaire de l'héritier de Saint Louis, et
» qui repousse le dangereux présent d'une indé-
» pendance pleine d'illusions et de chimères.
» Tranquille, il échappe aux dangers des révolu-
» tions, il jouit en paix du fruit de ses travaux;
» ses institutions s'affermissent, sa prospérité

» s'accroît : pour tout dire, en un mot, la fortune
» de la France, c'est le roi. »

C'est à ces principes, ainsi qu'à la popularité
qu'il s'était acquise comme adjoint, que M. de
Verna dut d'être nommé député en 1824.

M. de Verna se rendit à la Chambre avec le
pressentiment des périls que courait la monarchie, et la conviction que rien ne pourrait lui
rendre les conquêtes que la démocratie avait
faites depuis long-temps sur elle ; mais la prévi-
sion de l'insuccès ne l'empêcha pas de déployer
à la Chambre les plus grands efforts pour rame-
ner l'opinion publique au descendant de ces
rois qui s'étaient constamment placés à la tête
du mouvement de la société. Ses sentimens
d'humanité et de générosité brillèrent dans tout
leur jour, lorsque la Chambre eut à apprécier la
pétition, dans laquelle une dame demandait
qu'on lui accordât, à titre de pension ou autre-
ment, la récompense des services rendus à l'industrie française par son père, l'un des fonda-
teurs de la manufacture d'horlogerie de Besan-
çon, et qu'on l'indemnisât des pertes éprouvées
par sa famille, par suite d'évènemens qui suivi-
rent l'établissement de cette manufacture. M. de
Verna appuya de toutes ses forces cette récla-
mation qui lui paraissait fondée sur les conve-
nances et sur la justice.

Dans la discussion du projet de loi relatif à la
dotation de la pairie, M. de Verna développa un

amendement ayant pour but de mettre à la dis-
position du roi pour être transmise, jusqu'à con-
currence de 12,000 francs par an, au pair dont
la fortune serait jugée insuffisante pour soutenir
cette dignité, la pension qu'un successeur à la
pairie n'aurait pas réclamée ou dont il n'aurait
pas demandé la transmission dans les six mois.

M. de Verna voulait mettre en harmonie cette
loi avec l'ordonnance du 4 juin 1814, qui réu-
nissait au domaine de la couronne la dotation du
sénat et des sénatories ; mais qui voulait cependant que cette dotation fût distincte et pût
être appliquée à la pairie. Il voyait une espèce
de contradiction dans les termes du projet qui
reconnaissait la nécessité de donner, à de nobles pairs, les avantages que la fortune leur avait
refusés, étendait ce bienfait à la première géné-
ration, et s'arrêtait là cependant sans se préoccu-
per des besoins de l'avenir. « Pourquoi, dit-il, ne
» pas reconnaître que ce qui est utile et néces-
» saire pour le présent doit être utile et néces-
» saire pour l'avenir ? » Mettant les intérêts mo-
raux de cette institution bien au-dessus des intérêts matériels, il déclara que la considération
de notre fâcheuse position financière n'était pas
une raison pour refuser de donner à la pairie la
splendeur et la force dont elle avait besoin. « Je
» résisterai, s'écria-t-il, à la tyrannique op-
» position du milliard qui nous apparaît pour
» refouler au fond des cœurs tous le sentimens

» généreux. J'y résisterai, sans crainte d'attirer
» sur moi le blâme de mes commettans, car si
» j'avais pu croire qu'il entrât dans leurs inten-
» tions de m'envoyer ici seulement pour débat-
» tre les comptes du ministère et en réduire le
» chiffre, je leur aurais dit : Reprenez votre
» mandat, je reconnais d'autres devoirs que ce-
» lui d'une économie trop étroite ; celui auquel
» vous accordez votre confiance en serait indi-
» gne s'il ne s'attachait à soutenir la dignité de
» la couronne, à maintenir dans la noble voie
» qu'elle s'est tracée, une nation grande et gé-
» néreuse, et à placer ceux qui marchent à sa
» tête dans une position indépendante des revers
» de la fortune et des coups d'un sort aveugle.

» Si cependant je venais à m'abuser, entraîné
» par des contradictions qui ne seraient pas en
» rapport avec la situation financière de l'Etat,
» je trouverais mon excuse dans l'intérêt que
» m'inspire une noble et monarchique institu-
» tion, je la trouverais également dans le désir
» que j'éprouve de faire du roi la providence de
» son peuple, et de le placer dans une position
» telle qu'il puisse, en ouvrant ses mains libé-
» rales, soulager toutes les infortunes et répan-
» dre partout ses bienfaits. Je voudrais que,
» semblable à l'astre qui servait d'emblème au
» grand roi, son aïeul, sa lumière éclatante vînt
» se réfléchir sur ceux qui l'entourent. Ce n'est
» pas assez pour moi d'adopter cette maxime de

» notre gouvernement constitutionnel : *tout bien*
» *vient du roi*, je veux encore que le bien lui
» soit possible. »

M. de Verna, dans le style le plus élégant et
le plus facile, développa cette idée que si l'on
repoussait cet amendement, le fils ou le petit-fils
d'un pair, réduit par le sort à un état de fâcheuse
médiocrité, ne verrait qu'un fardeau dans sa dignité de pair ; qu'il irait cacher au fond d'une
province son malaise et sa gêne, et qu'il serait
perdu pour les intérêts publics.

Cet amendement, éminemment logique, ne
pouvait rencontrer sympathie et appui dans une
Chambre qui devait plus tard abolir l'hérédité.

Lors de la discussion du projet de loi portant
approbation de l'échange conclu entre l'Etat et
la compagnie Vingtrinier de *l'hôtel des monnaies*
de Lyon contre *l'hôtel* dit *du gouvernement*, un
de ses collègues de députation, M. Jars, s'étant
plaint de la manière dont les travaux publics
étaient exécutés dans cette cité et ayant signalé
quelques faits à l'appui, M. de Verna s'empressa
de justifier les autorités du blâme que ce discours déversait sur elles. « Parmi les griefs
» présentés, dit-il, il n'en est aucun que le
» conseil municipal, le maire de Lyon et le
» préfet n'aient cherché à prévenir ; si quelque
» reproche pouvait être adressé à quelqu'un, ce
» serait à l'administration des ponts-et-chaus-
» sées qui a été cause des retards apportés aux

» travaux du quai. Les autorités de Lyon ont
» fait tous leurs efforts pour prévenir les plain-
» tes des habitans de cette partie de la ville. »

La délibération sur la loi des recettes lui four-
nit l'occasion de donner des preuves de sa sollicitude pour le commerce de Lyon, auquel l'administration des finances, arbitrairement, impo-
sait un surcroît d'impôts, en prétendant que le
droit proportionnel des patentes devait être fixé
suivant les prix des logemens du commerçant,
considéré comme individu, tandis que la loi
n'entendait parler que de la partie de l'habita-
tion servant à l'exercice de la profession ou commerce, comme magasin, atelier et boutique.

M. de Verna ne fut point réélu en 1830.

Il reprit ses travaux administratifs, et au mois
de juillet de cette même année il fit maintenir,
jusqu'au dernier moment, l'autorité de Sa Majesté Charles X, à Lyon, et ne quitta son poste
que lorsqu'il eut reçu la nouvelle officielle des
évènemens de juillet. C'est surtout dans cette
critique circonstance qu'il fit paraître toute l'é-
nergie et toute la hauteur de son caractère. Son
attitude calme et digne au milieu de l'efferves-
cence des esprits, et en présence d'une multitude
égarée et hostile au gouvernement de Charles X,
la fermeté de son langage, la loyauté et la no-
blesse de sa conduite lui concilièrent le respect
et l'estime des hommes de tous les partis.

Comme homme privé, M. de Verna s'est cons-

tamment distingué par la pratique de la bienfaisance, le zèle pour le malheur, une bonté aima-
ble autant que persévérante et attentive. Nul
homme n'a laissé plus profondément gravée
dans le souvenir de ceux qui le connurent la ré-
putation d'homme de bien.

M. de Verna termina son honorable et utile
carrière le 17 juin 1841, emportant au tombeau
les profonds regrets de sa famille, de sa patrie,
de ceux qui l'avaient connu et auxquels il avait
laissé les plus nobles et les plus utiles exem-
ples.

H. DE LESTRÉES.

(Extrait de la REVUE GÉNÉRALE BIOGRAPHIQUE
ET NÉCROLOGIQUE.—Livraison d'avril 1846.)

9 782012 395350